Das Ultimative
Jaguar
Buch für Kids

100+ verblüffende Jaguar-Fakten, Fotos, Quiz + mehr

Jenny Kellett

BELLANOVA
MELBOURNE · SOFIA · BERLIN

Copyright © 2023 by Jenny Kellett

Jaguare: Das Ultimative Jaguar Buch für Kinder
www.bellanovabooks.com
PAPERBACK
ISBN: 978-619-264-117-7
Imprint: Bellanova Books

Alle Rechte vorbehalten. Kein Teil dieses Buches darf ohne schriftliche Genehmigung des Autors in irgendeiner Form elektronisch oder mechanisch vervielfältigt werden, auch nicht durch Fotokopieren, Aufzeichnen oder Speichern und Abrufen von Informationen.

INHALT

Einleitung 4
Jaguare - Grundlagen 6
Eigenschaften 16
Jaguar Plaudereien 28
Ihr tägliches Leben 32
Abendessen fangen 42
Schwarze Panther 46
Von Geburt bis Erwachsenenalter 50
Jaguare und Menschen 62
Jaguare Erhaltung 68
Jaguar Quiz 72
    Antworten 76
Erkenne den Unterschied! 78
Wortsuche 80
    Lösung 82
Quellen 83

EINLEITUNG

Hast du schon mal von Jaguaren gehört? Riesige Großkatzen mit wunderschön geflecktem Fell, sie faszinieren die amerikanische Zivilisation seit Tausenden von Jahren. Bekannt für ihre körperlichen Fähigkeiten, sind sie eine der faszinierendsten Großkatzen der Welt.

In diesem Buch werden wir herausfinden, wie Jaguare den Tag verbringen, was sie so besonders macht und welche Probleme sie haben. Am Ende kannst du dann alles, was du gelernt hast, in unserem Jaguar-Quiz testen.

Bist du bereit, alles über Jaguare zu erfahren? *Dann lass uns loslegen!*

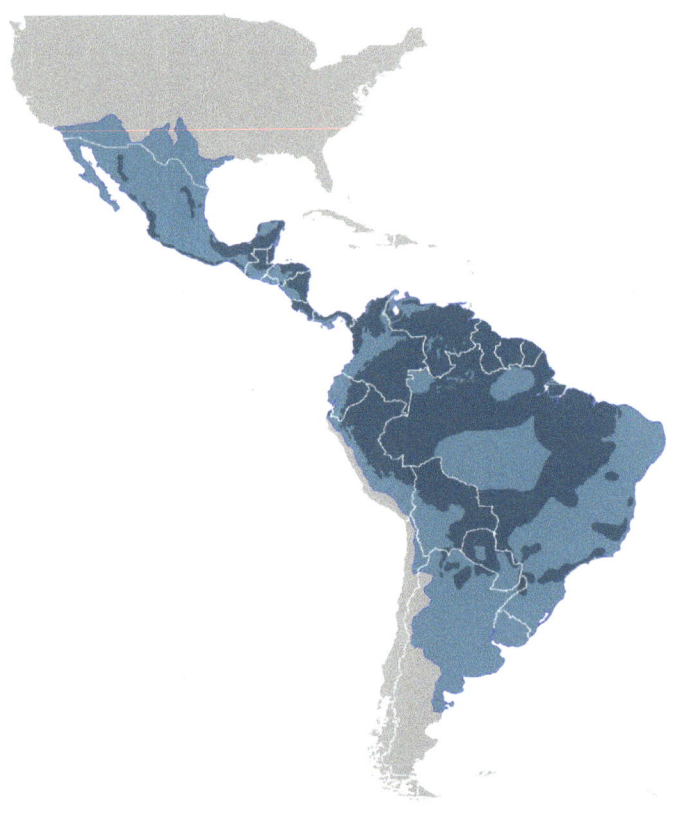

Das Verbreitungsgebiet der Jaguare, heute (dunkelblau) und früher (hellblau).
Auszug: IUCN (Weltnaturschutzunion)

JAGUARE: DIE GRUNDLAGEN

WAS SIND JAGUARE UND WO LEBEN SIE?

Der wissenschaftliche Name des Jaguars ist *Panthera onca*.

...

Jaguare gehören zur Gattung **Großkatzen (Panthera)**, die zu der größeren Familie der Katzen (Felidae) gehört. Es gibt fünf Arten der Gattung Panthera, die auch als "Großkatzen" bekannt sind: **Löwe** (*Panthera leo*), **Leopard** (*Panthera pardus*), **Jaguar** (*Panthera onca*), **Schneeleopard** (*Panthera uncia*) und **Tiger** (*Panthera tigris*).

Heute gibt es keine Unterarten des Jaguars mehr. Vor dem Jahr 2017 glaubten Wissenschaftler jedoch, es gäbe neun Unterarten.

...

Obwohl Unterarten des Jaguars nicht mehr existieren, teilen Biologen sie in vier regionale Gruppen ein: Mexiko und Guatemala; nördlich des Amazonas; südlich des Amazonas; und das südliche Mittelamerika.

Jaguare unterscheiden sich in jeder dieser Gruppen leicht in Größe und Aussehen, wobei die weiter nördlich lebenden Tiere im Allgemeinen kleiner sind als die im Süden.

Ein Jaguar in Brazilien

Niemand kennt die genaue Zahl der in freier Wildbahn lebenden Jaguare, aber der WWF schätzt, dass es rund 173.000 gibt.

...

Jaguare leben in weiten Teilen Amerikas, vom Südwesten der Vereinigten Staaten bis hinunter nach Nordargentinien. Zu den Ländern, in denen sie leben, gehören Belize, Guatemala, Honduras, Nicaragua, Brasilien, Paraguay und Venezuela. In El Salvador und Uruguay gelten sie als ausgerottet.

...

Leider lebt der Jaguar nur noch in etwa 55 % seines historischen Verbreitungsgebiets. Früher war der Jaguar im Süden der Vereinigten Staaten, unter anderem in Colorado und Louisiana, weit verbreitet. Seit 1900 ist er dort jedoch fast ausgerottet.

...

Jaguare sind Großkatzen! Tatsächlich sind sie die größte in Amerika lebende Katzenart und die drittgrößte Katzenart der Welt - nur Löwen und Tiger sind größer.

...

Jaguare sind sehr anpassungsfähig an ihre Umwelt und leben in einer Vielzahl von Lebensräumen, darunter Feuchtgebiete, tropische Regenwälder, Waldgebiete und viele mehr.

DAS ULTIMATIVE JAGUAR-BUCH

Früher, als Jaguare noch in den Vereinigten Staaten lebten, hielten sie sich gerne in dichten Eichenwäldern auf.

...

Das Wort "Jaguar" stammt vermutlich von dem mesoamerikanischen Wort "yaguar" ab, was "mit einem Sprung töten" bedeutet.

...

Menschen, die in Nordamerika leben, sprechen "Jaguar" wahrscheinlich mit zwei Silben aus (jag-uar), während es im britischen Englisch mit drei Silben ausgesprochen wird (jag-u-ar)!

< **Ein Jaguar in Pantanal, Brazilien.**

In vielen Gebieten teilen sich Jaguare und Pumas das gleiche Verbreitungsgebiet und konkurrieren um die gleiche Nahrung (sie sind sympatrisch).

. . .

Männliche und weibliche Jaguare haben keine speziellen Namen wie viele andere Arten, sie werden einfach "männlicher Jaguar" und "weiblicher Jaguar" genannt!

Weiblicher Jaguar in Costa Rica >

JAGUAR EIGENSCHAFTEN

GRÖSSE, MERKMALE, BESONDERE EIGENSCHAFTEN UND MEHR.

Jaguare sind **Spitzenprädatoren**, das heißt, sie stehen an der Spitze der Nahrungskette in ihrem Lebensraum und stehen nicht auf dem Speiseplan anderer Raubtiere.

...

Die Gewichtsspanne des Jaguars ist riesig: Sie reicht von 56 bis 96 kg. Die größten Männchen können bis zu 158 kg wiegen, und die kleinsten Weibchen wiegen etwa 36 kg.

Ein ausgewachsener weiblicher Jaguar.

Weibliche Jaguare sind in der Regel 10-20 % kleiner als männliche.

• • •

Jaguare können bis zu 170 cm lang werden, ohne ihren langen Schwanz, der bis zu 80 cm lang ist.

• • •

Jaguare haben ein **ausgezeichnetes Nachtsichtvermögen**, und ihre Augen sind für die Jagd in der Nacht angepasst.

Wie andere Katzen haben Jaguare eine einzigartige spiegelähnliche Struktur auf der Rückseite ihrer Augen, die das Licht zurück auf ihre Netzhaut reflektiert und so ihre Nachtsicht verbessert. Wenn du dir eine Hauskatze ansiehst, wirst du dieses Leuchten im Dunkeln erkennen.

. . .

Im Vergleich zu anderen Panthera-Arten mit dem gleichen Gewicht haben Jaguare kürzere, muskulösere Beine, die ihnen die Kraft verleihen, für die sie bekannt sind.

Weiblicher Jaguar nahe des Piquiri Flusses in Brazilien.

Copyright: Charles J. Sharp

Die Größe eines Jaguare hängt weitgehend von der Region ab, aus der er stammt. Im Allgemeinen nehmen sie von Norden nach Süden an Größe zu. Beispielsweise sind brasilianische Jaguare größer als die in Mexiko lebenden.

...

Ein Fußabdruck vom Vorderfuß eines Jaguars ist 10 cm lang und 12 cm breit.

...

Das Fell des Jaguars reicht von blassgelb oder hellbraun bis rotbraun. Der Unterbauch ist viel blasser. An Hals, Körper und Beinen haben sie Flecken, die Rosetten bilden. In der Mitte einiger dieser Rosetten befinden sich schwarze Punkte.

Auf dem Kopf und am Unterbauch haben sie einfache schwarze Punkte.

...

Jaguare, die in Wäldern leben, haben in der Regel ein dunkleres Fell und sind kleiner als diejenigen, die in offeneren Gebieten leben.

...

Das ausgeprägte Muster eines Jaguars dient als Tarnung in bewaldeten Gebieten und beim Verstecken im Schatten oder in Höhlen.

Ein Jaguar zeigt uns im Zoo von Toronto seine Zähne und seine lange Zunge.

Copyright: Marcus Obal

Kannst du den Unterschied zwischen einem Jaguar und einem Leoparden erkennen? Obwohl sie ähnlich aussehen, gibt es einige einfache Unterschiede. Jaguare haben einen eckigen Kopf und kürzere Beine. Außerdem haben sie schwarze Punkte in der Mitte einiger ihrer Rosetten, während Leoparden keine haben.

...

Jaguare haben sehr kräftige Kiefer - im Verhältnis zum Körpergewicht haben sie das stärkste Gebiss aller Großkatzenarten. Sie nutzen ihre Zähne, um die dicke Haut von Beutetieren wie Krokodilen und Schildkröten zu durchbeißen.

Obwohl Jaguare für ihre Stärke bekannt sind, bewegen sie sich auch verstohlen und anmutig - Eigenschaften, die sie zu großartigen Jägern machen.

...

Wie andere Katzen auch haben Jaguare kleine Hornzähnchen auf ihren Zungen, die sogenannten **Papillen**, die nützlich sind, um Fleisch von den Knochen zu schaben.

...

Jaguare werden als **opportunistische Karnivore (Fleischfresser)** beschrieben, das heißt, sie fressen nur Fleisch - und sind nicht allzu wählerisch, was die Art des Fleisches angeht!

JAGUAR PLAUDEREIEN

Obwohl Jaguare nicht wie Menschen sprechen, haben sie ihre eigenen einzigartigen Laute, die sie verwenden, um miteinander zu kommunizieren.

Wie Löwen und Tiger haben Jaguare ein elastisches Band hinter der Nase und dem Maul, das **Epihyoideum**, das ihnen erlaubt zu brüllen, aber nicht zu schnurren. Hauskatzen haben an der gleichen Stelle einen knöchernen Teil, der es ihnen ermöglicht, zu schnurren, aber nicht zu brüllen!

Sowohl männliche als auch weibliche Jaguare können brüllen, aber das Brüllen eines männlichen Jaguare ist lauter und rauer als das eines weiblichen. Jaguare nutzen ihr Gebrüll, um andere Jaguare zu verscheuchen, um eine

Gähnen oder Brüllen, was meinst du? *Copyright: Yannick Turbe*

Partnerin anzulocken und um ihr Revier zu verteidigen.

Wenn sie sich begrüßen oder wenn eine Mutter ihre Jungen tröstet, geben Jaguare ein kurzes, tiefes Grunzen von sich, das "**chuffing**" oder "**schnüffeln**" genannt wird.

Eines der häufigsten Geräusche, die ein Jaguar von sich gibt, wird als "Säge" bezeichnet, da es wie das Sägen von Holz klingt, allerdings nur in eine Richtung.

Jaguarjunge haben auch ihre eigenen Geräusche wie Blöken, Miauen und Glucksen.

JAGUARE - IHR TÄGLICHES LEBEN

WIE SIEHT DAS LEBEN EINES JAGUARS AUS?

Jaguare sind hauptsächlich **Einzelgänger**, mit Ausnahme von Weibchen mit Jungen. Sie haben ihre eigenen **Reviere** oder **Territorien**.

• • •

Das Revier eines männlichen Jaguars ist doppelt so groß wie das eines weiblichen. Das durchschnittliche Revier eines weiblichen Jaguars ist etwa 25-38 km groß, allerdings hängt die Größe davon ab, wo sie leben und wie viel Beute es gibt.

Der Jaguar in seinem natürlichen Lebensraum.

Jaguare markieren ihr Revier mit Urin, Kot und Kratzspuren an Bäumen, um anderen Jaguaren mitzuteilen, dass dieses Gebiet "besetzt" ist. Männliche Jaguare bemühen sich mehr, ihr Revier zu markieren als weibliche, da sie andere Männchen warnen wollen.

...

Jaguare leben in einer Vielzahl von Lebensräumen. Das Wichtigste bei der Wahl ihres Lebensraums sind Wasserversorgung, reichlich Beute und dichte Vegetation, damit sie sich verstecken und jagen können.

Ein weiblicher Jaguar, der sich auf einem Baumstumpf ausruht.

Jaguare gehören zu den Schlüsselarten, was bedeutet, dass sie eine sehr wichtige Rolle in ihrer Umgebung spielen, insbesondere wenn es um die Kontrolle der Beutepopulationen geht. Gäbe es eine Schlüsselart nicht, wäre die gesamte Umwelt, in der sie lebt, völlig anders.

...

Jaguare ruhen normalerweise zwischen dem Vormittag und dem Nachmittag. Sie liegen gerne unter der dichten Pflanzenwelt, in Höhlen oder in dunklen, schattigen Bereichen. Während der Regenzeit ruhen sie manchmal auch in Bäumen, wo es trockener ist.

DAS ULTIMATIVE JAGUAR-BUCH

Ein junger männlicher Jaguar trinkt an einem Fluss. *Copyright: Bernard Dupont*

Obwohl Jaguare hauptsächlich nachtaktiv sind, d. h. sie sind vor allem nachts aktiv, entspricht ihr Tagesablauf weitgehend dem ihrer Hauptbeutetiere, was den Zeitpunkt als auch den Ort betrifft. Sie jagen meist nachts, aber gelegentlich auch tagsüber, wenn es nötig ist.

...

Jaguare lieben das Wasser! Sie sind großartige Schwimmer und lieben das Wasser mehr als alle anderen Katzenarten. Sie nutzen das Wasser, um sich an heißen Tagen abzukühlen und um zu jagen.

Jaguare können auf Bäume klettern, sie machen das aber nicht sehr oft. Gelegentlich schleppen sie ihre Beute in die Bäume, um sie vor anderen Raubtieren zu schützen. Pumas hingegen lieben es, in den Bäumen zu sein!

...

In freier Wildbahn haben Jaguare eine Lebenserwartung von etwa 8-10 Jahren, in Gefangenschaft steigt diese auf 20 Jahre.

Kannst du den Jaguar erkennen, der sich im Baum getarnt hat? *Copyright: Dylan Conway*

ABENDESSEN FANGEN: WIE EIN JAGUAR

Jaguare sind **Fleischfresser**, das heißt, sie fressen nur Fleisch. Sie sind berühmt für ihre kräftigen Zähne und Kiefer, mit denen sie Beutetiere bis zum Vierfachen ihres eigenen Gewichts erlegen können! Sie sind **opportunistische Raubtiere** und legen daher täglich große Strecken zurück, um ihre Beute zu finden und zu fangen.

Im Gegensatz zu anderen Großkatzen töten Jaguare ihre Beute mit einem Biss in den Hinterkopf, anstatt in den Hals oder die Kehle zu beißen.

Jaguare gehören zu den besten Jägern des Tierreichs. Sie jagen **auf der Pirsch** und im Gebüsch, d. h. sie fangen ihre Beute, indem sie sich an sie heranpirschen und sich sehr schnell auf sie stürzen.

Ein schwarzer Jaguar mit seiner Mahlzeit. *Copyright: Tambako the Jaguar*

Jaguare können sogar ins Wasser springen, um ihre Beute zu fangen, und sie können problemlos lange Strecken schwimmen, während sie große Beutetiere wie Kaimane tragen.

Ein Wasserschwein - eine der Lieblingsspeisen des Jaguars. Copyright Charles J. Sharp.

Ein riesiger Ameisenbär.

Die Ernährung des Jaguars hängt davon ab, wo er lebt und welche Nahrung verfügbar ist, aber sie kann Kaimane, Schildkröten, Pekaris (Nabelschweine) und Gürteltiere umfassen. In vielen Gebieten, darunter auch in Brasilien, sind das **Wasserschwein** - das größte lebende Nagetier der Welt - und der **Riesenameisenbär** seine bevorzugte Beute.

...

Obwohl Jaguare meist große Beutetiere fressen - in der Regel mehr als 1 bis 2 kg - sind sie auch dafür bekannt, dass sie ruhig am Ufer sitzen und mit ihrem Schwanz sanft auf die Wasseroberfläche klopfen, um Fische anzulocken.

Um Energie zu sparen, frisst ein Jaguar seine größere Beute langsam über mehrere Tage hinweg und verlegt sie manchmal an verschiedenen Stellen.

SCHWARZE PANTHER

Schwarze Jaguare, besser bekannt als **schwarze Panther (oder Panter)**, sind keine Unterart des Jaguars. Stattdessen wird die Farbvariation durch ein **dominantes Allel** verursacht - **ein Gen**, das ein bestimmtes Merkmal codiert, z. B. die Farbsteuerung.

Der Begriff "schwarzer Panther" bezieht sich eigentlich auf alle schwarz gefärbten Leoparden oder Jaguare, die oft miteinander verwechselt werden.

Etwa 10 % aller Jaguare haben ein schwarzes Fell, doch in den dichten Wäldern Costa Ricas sind es sogar 25 %. Wissenschaftler glauben nun, dass die Mutation einen Tarnungsvorteil bietet.

Auch wenn sie völlig schwarz aussehen, kann man bei genauem Hinsehen immer noch die für den Jaguar typische Rosettenzeichnung erkennen. Nur das Grundfell hat seine Farbe in Schwarz geändert.

Ein 2 Monate altes schwarzes Jaguarjunges. Du kannst seine Pfote auf der linken Seite sehen.

VON GEBURT BIS ERWACHSENENALTER

JAGUARBABYS GEHÖREN ZU DEN BEZAUBERNDSTEN TIEREN DER WELT.

Jaguarbabys werden Jungtiere genannt.

...

Die Weibchen bringen in der Regel zwei Jungtiere zur Welt, es können aber auch ein bis vier sein.

...

Jaguare gebären normalerweise in der Regenzeit, wenn es reichlich Beute gibt.

Zwei Jaguarjunge spielen zusammen in einem Zoo in England. *Copyright: Tambako the Jaguar*

Die **Trächtigkeitsdauer** - also die Zeit, wie lange ein Weibchen trächtig/schwanger ist - liegt zwischen 91 und 111 Tagen.

...

Weibliche Jaguare können sich fortpflanzen, wenn sie zwischen einem und zwei Jahren alt sind.

...

Wenn ein Weibchen bereit ist, sich zu paaren, kann es sein, dass es sich außerhalb seines üblichen Verbreitungsgebiets bewegt, wo es auf mehrere Männchen trifft. Mit einem markanten Brüllen lässt sie die Männchen wissen, dass sie auf der Suche nach einem Partner ist.

Sobald ihre Jungen geboren sind, lassen die Weibchen keine Männchen in ihre Nähe oder in die Nähe ihrer Jungen. Sie zieht ihre Jungen allein auf.

...

Jaguarjunge sind winzig, wenn sie geboren werden - sie wiegen ungefähr so viel wie ein Laib Brot (700-900 Gramm) -, aber sie wachsen schnell. Männchen wachsen viel schneller als Weibchen, und wenn sie zwei Jahre alt sind, sind männliche Jungtiere doppelt so schwer wie ihre weiblichen Geschwister.

...

Das Fell der Jungtiere ist grob und wollig, wenn sie geboren werden, und sie haben bereits ihre charakteristische Zeichnung.

Mayra, das Jaguarjunge, im Zoo von Bratislava, Slowakei.
Copyright Tambako the Jaguar

Ein Muttertier mit seinen zwei sechs Monate alten Jungtieren. *Copyright Tambako the Jaguar*

Wenn die Jungen geboren werden, sind ihre Augen geschlossen, sodass sie ganz auf ihre Mutter angewiesen sind. Im Alter von etwa zwei Wochen öffnen sich die Augen und im Alter von einem Monat beginnen die Zähne zu erscheinen.

...

Die Jungtiere werden mit der Milch ihrer Mutter gesäugt, bis sie fünf bis sechs Monate alt sind. In diesem Alter beginnen sie, mit ihrer Mutter zu jagen und lernen, sich vor Raubtieren zu schützen.

...

Jaguarjunge beginnen im Alter von 15 bis 18 Monaten selbstständig zu jagen, sind aber bis zum Alter von fast 2 Jahren in Bezug auf Nahrung und Schutz noch auf ihre Mutter angewiesen.

Ein Jaguar in Brazilien.

JAGUARE UND MENSCHEN

WIR MÖGEN SEHR UNTERSCHIEDLICH SEIN, ABER WIR LEBEN ALLE AUF DEMSELBEN PLANETEN. WIE GUT KOMMEN WIR ALSO MITEINANDER AUS?

Der Jaguar war ein wesentlicher Bestandteil des Lebens vieler indigener (oder eingeborener) Völker wie der Azteken und Maya und spielt eine wichtige Rolle in ihrer Mythologie.

• • •

Die Maya-Zivilisationen glaubten, dass Jaguare bei der Kommunikation zwischen den Lebenden und den Toten helfen könnten, und sie wurden zum Schutz der königlichen Haushalte eingesetzt. Mehrere Maya-Herrscher hatten auch Namen, die das Maya-Wort für Jaguar, „b'alam", enthielten. „Balam" ist immer noch ein beliebter Nachname der Maya.

...

Archäologen entdeckten Jaguarknochen in einer Grabstätte in Guatemala, was darauf schließen lässt, dass die Maya Jaguare als Haustiere hielten.

...

In der aztekischen Mythologie war der Jaguar das Totemtier der mächtigen Gottheit Tezcatlipoca. Die Azteken hatten auch eine mächtige Kriegerklasse, die als Jaguarkrieger bekannt war.

Ein aztekischer Jaguarkrieger.

Leider ist der Mensch eine größere Bedrohung für die Jaguare als umgekehrt. Jaguare werden oft wegen ihres schönen Fells gejagt - und ihre Lebensräume werden zerstört.

Obwohl Jaguare unglaublich starke Tiere sind und oft in der Nähe von Menschen leben, kommt es nur selten zu Angriffen. Jaguare ignorieren Menschen im Allgemeinen, es sei denn, sie fühlen sich bedroht. Tatsächlich ist es von allen Großkatzen am unwahrscheinlichsten, dass sie Menschen töten und fressen.

...

Im präkolumbianischen Amerika (Amerika vor der Entdeckung durch Kolumbus) symbolisierte der Jaguar Stärke und Macht.

...

Das Nationaltier Guyanas ist der Jaguar, der auch auf dem Wappen des Landes abgebildet ist.

Der argentinische Rugby-Verband hat einen Jaguar in seinem Wappen.

• • •

Die Jacksonville Jaguare sind ein NFL-Team mit Sitz in Florida.

• • •

Bis heute wird der Jaguar von den amerikanischen Ureinwohnern, die mit ihm zusammenleben, respektiert und bewundert.

• • •

Alle großen mesoamerikanischen Zivilisationen hatten einen Jaguar als Gott, und in einigen Kulturen, darunter die Olmeken (die früheste

Eine Tonstatue eines Jaguars aus dem heutigen Oaxaca, Mexiko, aus der Zeit von 200-600 v. Chr. *Copyright: Urban @ Wikipedia*

bekannte mesoamerikanische Zivilisation), war der Jaguar ein wichtiger Bestandteil ihrer religiösen Praxis.

JAGUARE ERHALTUNG

LEIDER STEHEN JAGUARE, WIE VIELE ANDERE GROẞKATZEN, VOR EINER SCHWIERIGEN UND UNGEWISSEN ZUKUNFT, ABER DIE NACHRICHTEN SIND NICHT NUR SCHLECHT.

Der Jaguar wird seit 2002 auf der Roten Liste der IUCN als "potenziell gefährdet" aufgeführt, d. h. er ist vom Aussterben bedroht. Seit Mitte der 1990er Jahre ist die weltweite Jaguarpopulation um 20-25 % zurückgegangen, und seit Anfang des 20. Jahrhunderts hat sich das Verbreitungsgebiet des Jaguars auf weniger als die Hälfte seines früheren Umfangs verringert.

Die größten Bedrohungen für Jaguare sind der

Verlust von Lebensraum, die Zertrennung von Lebensräumen und die Jagd.

Glücklicherweise bemühen sich viele Organisationen um den Schutz der Jaguare. Das weltweit erste Schutzgebiet für Jaguare wurde 1986 in Belize eingerichtet, und vor kurzem haben die Vereinigten Staaten ein Gebiet von 3.392,20 km2 in Arizona und New Mexico nur für Jaguare geschützt.

WIE KANNST DU JAGUAREN HELFEN?

Jaguare brauchen die Hilfe von Menschen wie dir, um das Bewusstsein für ihre Probleme zu schärfen.

Du kannst viele Organisationen unterstützen, darunter den **Jaguar Conservation Fund, das Northern Jaguar Project, Panama Wildlife Conservation, das Wildcat Sanctuary, den WWF und Panthera**.

Über diese Organisationen hast du die Möglichkeit, einen Jaguar zu adoptieren, Geld zu spenden und erfährst mehr über andere Möglichkeiten, wie du helfen kannst.

Hier sind ein paar Ideen:

- Bitte deine Freunde und Verwandten anstelle von Geburtstagsgeschenken um Spenden für deine bevorzugte Jaguar-Hilfsorganisation.
- Veranstalte einen Kuchenverkauf, um Geld zu sammeln.
- Adoptiere einen Jaguar (natürlich virtuell!) über die oben genannten Organisationen.
- Erkundigen dich bei deinem örtlichen Zoo, an welchen Projekten er beteiligt ist und wie du helfen kannst.
- Feier den Internationalen Tag des Jaguars am 29. November.

JAGUAR *QUIZ*

Teste jetzt dein Wissen in unserem Jaguar-Quiz! Die Antworten finden Sie auf Seite 76.

1. Jaguare sind Großkatzen. Kannst du die anderen vier Großkatzen nennen?

2. Welche Katze ist größer, ein Leopard oder ein Jaguar?

3. Wie lautet der wissenschaftliche Name des Jaguars?

4. Welche andere große katze bewohnt oft denselben Lebensraum wie der Jaguar?

5. Jaguare haben kein sehr gutes Nachtsichtvermögen. Richtig oder falsch?

6. Sind brasilianische oder mexikanische Jaguare normalerweise größer?

7. Haben schwarze Jaguare Flecken?

8. Wovon ernährt sich der Jaguar?

9. Können Jaguare brüllen?

10. Mit welchem Geräusch grüßen sich Jaguare gegenseitig?

11. Ziehen Jaguare es vor, in Gruppen oder allein zu leben?

12. Wie markieren Jaguare ihr Revier?

13. Kannst du zwei der Lieblingsbeutetiere der Jaguare nennen?

14. Wie viele Jungtiere haben Jaguare normalerweise?

15. Bleiben die Väter bei den Jungen, nachdem sie geboren wurden?

16. Wann verlassen die Jungtiere ihre Mütter?

17. Wann wird der Internationale Jaguartag gefeiert?

18. Wie heißt die Gottheit in der aztekischen Mythologie, die durch einen Jaguar dargestellt wird?

19. Wie wird der Jaguar in der Roten Liste der IUCN (Weltnaturschutzunion) geführt?

20. Wo wurde das weltweit erste Schutzgebiet für Jaguare eingerichtet?

Antworten

1. Löwe, Tiger, Schneeleopard, Leopard.
2. Jaguar.
3. Panthera onca.
4. Puma.
5. Falsch.
6. Brasilianische.
7. Ja.
8. Sie sind Fleischfresser (Karnivore).
9. Ja.
10. Schnüffeln oder "chuffing".
11. Sie leben lieber alleine.
12. Mit Urin, Fäkalien und Kratzspuren.
13. Wasserschweine und Riesenameisenbären.
14. Zwei.
15. Nein.
16. Bis sie etwa zwei Jahre alt sind.
17. 29. November.
18. Tezcatlipoca.
19. Potenziell gefährdet.
20. Belize.

Image: Alexander Leisser

Erkenne den Unterschied!

Bin ich ein Leopard, Gepard, Jaguar oder Schneeleopard?

1. _____

2. _____

3. _____

4. _____

Jaguar WORTSUCHE

Ü	Q	D	S	C	H	U	N	G	E	L	P
G	J	A	G	U	A	R	C	X	A	G	A
F	Ü	H	G	F	S	M	Q	W	Ä	V	N
K	Q	W	E	G	F	D	E	V	C	X	T
A	T	R	E	W	J	V	C	R	B	J	H
T	N	Ä	C	J	D	U	J	Y	I	U	E
Z	A	Q	D	F	Ä	V	N	X	Ü	K	R
E	Z	X	C	V	G	G	N	G	E	S	A
N	R	O	S	E	T	T	E	N	E	A	S
B	V	X	A	S	J	H	G	R	S	N	Ü
Y	K	A	R	N	I	V	O	R	E	J	G
T	Ü	K	H	G	F	S	W	D	V	B	N

Kannst du alle Wörter unten im Wortsuchrätsel links finden?

JAGUAR   AMERIKA   KARNIVORE

JÄGER   ROSETTEN   DSCHUNGEL

KATZEN   PANTHERA   JUNGEN

LÖSUNGEN

Word search

		D	S	C	H	U	N	G	E	L	P
	J	A	G	U	A	R					A
					M						N
K						E					T
A				J				R			H
T				J		U				I	E
Z					Ä		N			K	R
E						G		G			A
N	R	O	S	E	T	T	E	N	E		
								R		N	
		K	A	R	N	I	V	O	R	E	

Erkenne den Unterschied:

1. Leopard
2. Gepard
3. Jaguar
4. Schneeleopard

QUELLEN

Kellett, Jenny. The Big Big Cats Book for Kids (2020). Available in major online bookstores.

Staff, A. (2021) Types of Jaguar Cats, AZ Animals. Available at: https://a-z-animals.com/blog/types-of-jaguar-cats/ (Accessed: 14 July 2022).

Jaguar - Wikipedia (2022). Available at: https://en.wikipedia.org/wiki/Jaguar (Accessed: 14 July 2022).

Biddle, R. (2022) Jaguar (Panthera onca) EAZA Best Practice Guidelines. Available at https://www.eaza.net/assets/Uploads/CCC/BPG-2022/Panthera-Onca-BPGs-2022.pdf. (Accessed: 14 July 2022).

Top 10 facts about Jaguars (2022). Available at: https://www.wwf.org.uk/learn/fascinating-facts/jaguars. (Accessed: 19 July 2022).

10 Enthralling Jaguar Facts (2022). Available at: https://www.treehugger.com/jaguar-facts-5093384 (Accessed: 19 July 2022).

Panthera onca (jaguar) (2022). Available at: https://animaldiversity.org/accounts/Panthera_onca/ (Accessed: 19 July 2022).

Jaguar, facts and photos (2022). Available at: https://www.nationalgeographic.com/animals/mammals/facts/jaguar (Accessed: 19 July 2022).

Jaguar | San Diego Zoo Animals & Plants (2022). Available at: https://animals.sandiegozoo.org/animals/jaguar (Accessed: 19 July 2022).

(2022) Education.nationalgeographic.org. Available at: https://education.nationalgeographic.org/resource/role-keystone-species-ecosystem (Accessed: 16 August 2022).

DAS ULTIMATIVE JAGUAR-BUCH

Wir hoffen, du hast ein paar tolle Fakten über Jaguare gelernt! Welcher war dein Favorit?

Wir würden uns freuen, wenn du uns eine Bewertung hinterlässt!

Sie bringen uns immer zum Lächeln, aber was noch wichtiger ist, sie helfen anderen Lesern, bessere Kaufentscheidungen zu treffen.

AUCH VON JENNY KELLETT

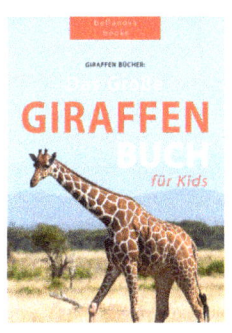  

... UND VIELE MEHR!

ERHÄLTLICH IN ALLEN BEKANNTEN ONLINE BUCHHANDLUNGEN

www.ingramcontent.com/pod-product-compliance
Lightning Source LLC
LaVergne TN
LVHW050135080526
838202LV00061B/6490